Lauras

Geschichten

von Claudia Busse

Impressum

Bibliografische Information der Deutschen Nationalbibliothek: Die Deutsche Nationalbibliothek verzeichnet diese Publikation in der Deutschen Nationalbibliografie; detaillierte bibliografische Daten sind im Internet über dnb.dnb.de abrufbar.

Herstellung und Verlag: BoD – Books on Demand, Norderstedt

ISBN: 9783749453641

Oma's Elfchen

Mit
dem Zug
hin und her
nach Köln und zurück
Abenteuer

Vorwort

Mit 60 Jahren wurde ich endlich Oma. Meine liebe Tochter bekam ein gesundes Kind, ein süßes Mädchen, deren Werdegang ich nun mit Begeisterung verfolge. Da gerade bei Stellwerk ein Projekt „Schreibwerkstatt" lief, hatte ich die Idee, kleine Geschichten aufzuschreiben, in denen „Laura" meist selber über sich erzählt. Der Name Laura ist fiktiv, um meine Enkeltochter zu schützen. Es ist ein Band entstanden, der für Kinder, aber sicher auch für Erwachsene amüsant ist. Hier ist Realität verwoben mit meiner Fantasie. Meine kleine Enkelin hat übrigens auch mitgeholfen. Sie hat einige Kunstwerke beigesteuert, die ich zur Auflockerung mit aufgenommen habe.
Wünsche allen viel Spaß beim Lesen.
Claudia

Ein Dialog: Im 3. Monat

Peter: „Hallo Paul, wie läuft's?"

Paul: „Hallo Peter, ganz gut."

Peter: „Hört sich nicht so überzeugend an."

Paul: „Stell dir vor, meine Frau ist schwanger, 3. Monat."

Peter: „Das ist doch toll!"

Paul: „Ja, aber viel Wind macht es jetzt schon. Simone ist immer so übel. Und es muss so viel angeschafft werden. Das lohnt sich aber erst, wenn man weiß, ob es ein Junge oder ein Mädchen wird. Wir müssen auch planen, wer wann in Elternzeit geht."

Peter: „Das ist doch gut, dass es das jetzt gibt."

Paul: „Muss alles beantragt werden, und so weiter."

Peter: „Freust du dich gar nicht?"

Paul: „Doch, aber die Verantwortung…"

Peter: „Da wachst ihr rein."

Paul: „Ja, vielleicht, Simone liest schon fleißig Bücher über Erziehung, Babypflege und Babynahrung. Das ist jetzt das Thema."

Peter: „Glaube ich, so ein Kind nimmt viel Raum ein. Aber es macht auch viel Freude."

Paul: „Ja, das hoffen wir auch."

Peter: „Siehste, wenn es erst mal da ist, freut ihr euch. Und nun stoßen wir an auf deine Familie."

Paul: „Ja, Prost! Danke."

Mensch sein...

Wie es beginnt? Als kleiner Mensch kommt man nackt und hilflos auf die Erde. Man wird von grellem Licht empfangen und kriegt einen Klaps auf den Po. Es ist auch kalt auf der Erde. Da fange ich erst mal an, laut zu protestieren. Dann werde ich gewaschen und bekomme so komische Sachen an. Endlich darf ich wieder zu Mama. Sie bietet mir ihre Brust an. Ich beiße erst mal hinein und fange dann an, die süße Flüssigkeit zu saugen. Das ist doch mal was voll Befriedigendes nach all den Strapazen. Mama und Papa freuen sich riesig über mich. Nach ein paar Tagen werde ich noch mehr eingepackt und in einen Sitz geschnallt. Was kommt denn jetzt? Wir fahren eine Weile. Die Welt scheint groß zu sein. Die Eltern tragen mich mit dem Sitz ein paar Treppen hoch. Hier ist dein Zuhause sagen sie. Sieht ähnlich aus wie in dem ersten Haus, nur schöner. Jetzt darf ich erst mal wieder an die Brust. Gucke Mama tief in die Augen, das mag sie. Ja, das geht jetzt immer so weiter. Schreien, trinken, umziehen, schlafen… Ich habe großen Appetit und wachse ständig. Manchmal lächle ich, ich bin rundum zufrieden. Wenn nicht, dann brülle ich, dann suchen Mama und Papa den Grund und befreien mich von Hunger, Schmerz und den vollen Windeln. Etwas langweilig ist es, soll das alles sein? Mama kommt mit Püppchen und Rasseln und hängt ein Mobile auf. Na, da habe ich etwas zum Gucken. Ich kann alles immer deutlicher sehen. Ich höre auch vieles. Was sagen Mama und Papa dauernd zu mir? Soll das etwas mein Name sein? Mama heißt Mama, Papa heißt Papa, und ich, ich heiße Laura.

Mama, Papa, Laura

Mein halbes Jahr

Als ich ein halbes Jahr jung war, konnte ich noch nicht sitzen, geschweige denn laufen. Aber meine Mama machte mir eine schöne Überraschung. Sie machte Bänder an vier Luftballons, legte mich aufs Bett und band mir die Luftballons an Hand- und Fußgelenke. Wenn ich jetzt zappelte, konnte ich die Bewegungen der Ballons beobachten. Das war ein Spaß. Es zauberte ein Lächeln auf mein Gesicht. Als sich ein Ballon löste und an die Decke flog, haben wir zusammen herzlich gelacht. Habe mich sehr gefreut, dass Mama mir eine Freude machen wollte, obwohl ich noch nicht verstehen konnte, dass ich ein halbes Jahr jung geworden war.

Laura kann sitzen

Heute war ein besonderer Tag. Ich lag in meiner Wippe und plötzlich konnte ich mich aufrichten, sitzen, ohne mich anzulehnen. Darüber freute sich Mama sehr. Jetzt konnte ich viel neues lernen. So konnte ich in meinem Hochstuhl sitzen und beim Essen am Tisch alles überblicken. Auch konnte ich Musik machen, z.B. auf dem Xylophon hämmern, oder Malen oder Klötzchentürme bauen. Jetzt habe ich alles im Überblick, was die Großen so machen.

Laura hat Rhythmus im Blut

Heute waren wir auf einem Straßenmusikfest. Mama hat mich mit einem Tragetuch vor den Bauch gebunden, damit ich was sehe und mich bewegen kann. Die Musik auf Gitarren und Trommeln gefiel mir gut. Mama wippte in den Hüften und ich zappelte im Rhythmus mit Armen und Beinen. Dann klatschte ich in die Hände und nickte mit dem Kopf. Die Leute staunten über uns beide, wie wir so harmonisch zu der Musik tanzten und Mama lächelte verschmitzt. Sie war richtig stolz auf mich und amüsierte sich. Papa kann gut Schlagzeug spielen, muss das Rhythmusgefühl von ihm geerbt haben.

Laura mit Papa im Garten

Heute war schönes Wetter. Papa ist mit mir zum Schrebergarten gegangen. Zuerst hat er mich in die Schaukel gesetzt, die am Apfelbaum an einem Ast aufgehängt ist. Er hat mich angeschubst und ich habe mich riesig gefreut. Es ist ein dolles Gefühl, so durch die Luft zu sausen. Es geht einem durch und durch. Habe mit meinen beiden Beinchen gestrampelt und vor Freude gejuchst. Papa hat mich noch ein paar Mal angeschubst, dann wollte ich wieder runter. Er hat mich aus der Schaukel gehoben und wir sind zu einem Beet mit großen gelben Blumen gegangen. Habe gestaunt und wollte sie mit meinen Händchen anfassen. Papa sagte, ich solle sie nicht anfassen, nur angucken. Er sagte, das sind Narzissen. In unserem Garten sind ganz viele davon. Die sind wirklich schön. „Sie sehen

aus wie Glocken und läuten den Frühling ein.",
meinte mein Papa. Das habe ich nicht ganz
verstanden. Aber irgendwie war es wohl
bedeutsam. Mit Blumen sollte man achtsam
umgehen, man sollte sie nicht so viel anfassen,
sonst gehen sie kaputt.

Lauras 1. Geburtstag

Oma war mit dem Zug angereist. Sie hat im Kinderzimmer geschlafen, ich bei meinen Eltern. Wir wurden früh wach. Im Wohnzimmer waren viele Luftballons, einer in Form einer Eins. Eine Große Girlande, „Herzlichen Glückwunsch", hing an der Decke und viele Luftschlangen genauso. Ich staunte nicht schlecht. Was war denn los? Papa erklärte:

„Heute ist dein erster Geburtstag. Du bekommst heute noch viel Besuch und Geschenke!"

Alle freuen sich, dass du da bist, jetzt schon ein Jahr. Oma gratulierte mir herzlich zum 1. Geburtstag. Geschenke haben mich sehr gefreut. Haben gefrühstückt und sie haben mir ein Ständchen gesungen. Nachmittags kam dann viel Besuch, alle nacheinander. Ich freute mich über jeden und lächelte alle an. Papa hatte Kuchen gebacken und die Gäste brachten auch noch Kuchen mit. Die Großen setzten sich an den Tisch, und wir Kinder krabbelten unter den Tisch. Mein Cousin Martin gab mir Küsschen und ich gab ihm welche zurück. Alle waren darüber amüsiert. Dann hoppelte ich auf dem Popo ins Kinderzimmer und Martin krabbelte hinterher. Wir spielten mit dem Kaufladen. Alle Erwachsenen kamen vorbei und kauften ein. Die kleine Anna war auch schon wacher und beobachtete alles. Wir hatten wenig Platz, aber viel Spaß. Ich bekam viel Spielzeug von Opa, Uropa, Oma, Tanten und Onkeln, da habe ich viel zum Spielen bis zum nächsten Mal.

Mama muss arbeiten

Jetzt bin ich 1 Jahr geworden und gehe seit ein paar Wochen in die Kita. Die anderen Kinder laufen mir alle davon. Ich kann nicht hinterher, obwohl ich schon ganz schnell auf meinem Popo vorwärts rutsche. Habe mich auch schon mit Erkältung und Durchfall angesteckt. Mama muss wieder arbeiten, sagt sie…

Das geht ein paar Wochen so weiter, bis sich auf einmal alles ändert. Wegen einer Corona… Mama behält mich jetzt zuhause, aber sie spielt nicht mit mir. Sie sitzt jetzt zuhause vor einem Bildschirm und tippt mit den Fingern auf Tasten herum. Ich soll alleine spielen, aber das ist langweilig. Mama sagt, sie hat zu tun. Sie muss arbeiten, um Geld zu verdienen. Ich treibe allerhand Schabernack, um ihre

Aufmerksamkeit zu erhaschen. Aber sie nimmt ihren Job wohl sehr ernst, guckt mich nur strafend an. Stelle meine Tonibox an, ein bisschen Musik kann nicht schaden. Dann hört Mama auf zu tippen, klappt den Bildschirm zu und nimmt mich auf den Schoß.

„Hast du Lust auf einen Spaziergang zum Garten?"

„Ja, gut.", sage ich, denn da habe ich einen eigenen Sandkasten und eine Schaukel für mich alleine. Nun bin ich zufrieden.

Dicke Luft

Seit Mama so viel arbeitet, leidet die Stimmung. Papa meint, sie macht zu viel. Sie sagt, es muss sein. Es gibt einen dicken Krach und Papa ruft, mach deinen Kram doch alleine, verlässt die Wohnung und macht die Tür zu. Jetzt bin ich aber auch sauer, schmeiße die Bauklötze durch die Gegend und schreie rum. Oma ruft an, sie sagt:

„Papa kommt bestimmt bald wieder."

Aber ich weine und rufe Papa, Papa…

Zum Glück kommt er am Abend wieder und Mama erzählt ihm, dass ich sehr traurig und wütend war und dass sie sich wieder vertragen müssen.

Laura lernt laufen

In letzter Zeit beginne ich, mich an Stühlen, an Tischen und an der Couch hochzuziehen. Wenn ich mich mit den Armen abstütze, kann ich mich schon auf meine Füße stellen. Ich versuche auch, überall hochzuklettern. Eines Tages machen meine Eltern mit mir den ersten Gehversuch. Mama hockt an der Tür und Papa zwei Meter weiter an der Couch. Mama hält mich fest, breitet meine Arme aus, guckt, dass ich gerade auf den Füßen stehe und lässt los. Ich tapse los, rufe Aaah und Ooooh, balanciere einige Schritte und lasse mich in Papa's Arme fallen. Aber ich bin tatsächlich alleine losgelaufen. Voller Erleichterung und Freude lachen wir alle ganz herzlich.

Oma's Elfchen

Referendare

sind beliebte

Opfer von Streichen

ein Schild hinten angeklebt,

Klein-Doofie

Das Gartenhäuschen

Heute haben wir Oma vom Bahnhof abgeholt. Mama und Papa haben die letzten Tage das Gartenhäuschen vom Schrebergarten ausgeräumt. Jetzt wollen sie es innen verputzen und anstreichen. Oma soll sich währenddessen um mich kümmern. Aber da bin ich nicht mit einverstanden. Mama soll sich um mich kümmern. Es ist ja ganz nett mit Oma im Sandkasten. Aber ich möchte zu gerne wissen, was Mama und Papa in der Hütte machen. Also renne ich kreischend Mama hinterher. Mit dem Pinsel an die Wände malen, das ist doch toll, das will ich auch. Nach drei Versuchen, mich loszuwerden, gibt Mama auf. Nun hat sie mich auf dem einen Arm und malt mit einer Rolle in der anderen Hand die Wand an. Oma hat sich einen Pinsel geschnappt und malt die Ränder an. Na also, bitte, geht doch…

Oma's Elfchen

Blindheit

ziemlich beschlagen

bei regennassem Wetter

mit Maske und Brille

ätzend

Beim Kinderarzt

Kindervorsorgetermin U7 kurz nach meinem 2. Geburtstag. Heute sind Papa und Mama mit mir zum Kinderarzt gefahren. Habe uns der Dame im weißen Kittel erst einmal vorgestellt. Habe auf mich gezeigt und gesagt, „Ich bin Laura.", dann auf Papa und Mama und habe gesagt, „das ist Papa und das ist Mama." Die Ärztin hat ganz erstaunt geguckt, aber ich habe das gut gemacht, oder? Nachher, als sie mir den Bauch abgehorcht hat, habe ich gesagt, „da ist ein Baby drin." Da hat sie gelächelt und gesagt, „da ist nur ein Pups drin." Zu Mama und Papa hat sie gesagt, dass ich mich sehr gut entwickelt habe, dass ich schon gut laufen und sprechen kann, und sehr kontaktfreudig bin. Mama war ganz stolz auf mich.

Oma's Elfchen

Morgennebel
verhaltener Sonnenschein
später wieder dunkel
und erste Tropfen Regen
Novemberblues

Der zweite Geburtstag

Im Abendlicht sitzen Laura und Mama auf dem Balkon in ihren Halloween Kostümen und blasen auf Gießkannen eine schaurig schöne Melodie. Der zweite Geburtstag von Laura klingt aus. Es war ein aufregender aber schöner Tag für Laura. Morgens lagen Luftballons im Wohnzimmer und Laura fragte ganz verwundert „Was ist das?" Papa sagte: „Ja, die sind für dich. Du hast heute Geburtstag. Laura hob einen

Luftballon auf und war ihn hoch in die Luft. Papa nahm sie auf die Arme und zeigte ihr die 2 und die Kerzen auf dem Tisch. Laura quietschte vor Freude und warf alle Luftballons nacheinander in die Luft. Die Oma rief an per Videoanruf und spielte auf der Gitarre ein Ständchen. Dann brachte Mama Laura in die Kita. Dort wurde auch für das Geburtstagskind gesungen und gespielt. Als Mama sie abgeholt hat, war Laura schon ganz schön müde. Aber erst musste ja noch der Geburtstagskuchen angeschnitten werden. Danach war Oma wieder auf dem Handy. Jetzt wurde ihr Geschenk hervorgeholt. Ein richtiger Puppenwagen mit Buggy und Maxi Cosi Einsatz. Da ist Laura wieder ganz munter, holt ihre Puppe und legt sie in den Puppenwagen und schiebt sie stolz durch die Wohnung.

Am Telefon

Heute hat Mama mit Simone telefoniert. Ich wollte mit telefonieren. Aber so viel Zeit hatten wir nicht. Ich rief erst, „da ist Oma dran, die Oma ist lieb." Das ging runter wie Öl.

Oma's Elfchen

Hatte
letzte Woche
Besuch aus Köln
Tochter und Enkelin kamen
Lebensfreude pur!

Mut, oder, wie Laura auf einen Baum kletterte

Heute war ich mit Papa auf einem Spielplatz. Aber wo waren die anderen Kinder? Wollte zuerst mal auf die Schaukel. Papa schubste mich wieder gekonnt an und sagte, „Halte dich gut fest, Laura." Da sah ich die anderen Kinder. Sie kletterten auf einem Baum neben dem Spielplatz herum. Ich rief: „Halt Papa, ich will auch auf den Baum." Papa hielt die Schaukel an und holte mich herunter. Wir gingen zu dem Baum. Ich blickte nach oben. Von unten sah das jetzt doch ziemlich hoch aus. Aber ich wollte wenigstens auf einen der untersten Äste. Papa zeigte auf einen Ast und sagte, „auf den kannst du klettern. Immer erst die Hände und dann die Füße." Und er zeigte mir: „Hier sind zwei kleine Äste drunter, da kannst du deine Füße drauf stellen, da hast du mehr halt." Mir war schon ein bisschen mulmig, aber sicher würde es sich lohnen, die Welt von oben zu betrachten. Zog mich mit den Armen an dem untersten Ast hoch, Papa schob mich am Po hoch. „Jetzt den Fuß auf den Ast und mit der Hand um den nächsten Ast greifen." Ich tat, was Papa sagte. So kam ich dem Ast, den ich mir ausgesucht hatte, näher. Schließlich hatte ich ihn erreicht, setzte mich rittlings auf ihn und setzte die Füße auf zwei Äste darunter. Ich blickte stolz um mich und freute mich über die Aussicht. Ich löste die Hände vom Ast., da musste ich gleich ausbalancieren. Hielt mich wieder fest. Papa kam näher und fragte, „Soll ich dich runter holen?" Da war ich erleichtert, ich hätte mich nicht noch alleine runter getraut, aber alleine war ich rauf gekommen. Bald werde ich so gut klettern wie die anderen Kinder auch.

Rund um's Handy

Mama und Papa spielen am liebsten mit ihren flachen handlichen „Handys", wie sie sagen. Sie tragen sie immer mit sich herum und gucken wie gebannt darauf oder tippen mit den Fingern auf die Platte. Versuche öfters, dieses Gerät zu erhaschen, aber Mama zieht es dann weg uns sagt: „Das ist noch nichts für dich Laura." Papa lässt mich auch nicht ran. Er guckt auch immer auf einen großen Bildschirm an der Wand. Dafür gibt es zwei Geräte mit ganz vielen Knöpfen, die habe ich mal in die Finger gekriegt, als Papa auf dem Sofa eingeschlafen ist. Habe die Knöpfe gleich ausprobiert, da kamen immer neue Bilder auf dem großen Bildschirm. Manchmal ist Oma auf dem Handy zu sehen. Ich sage immer: „Da ist Oma drin." und „Hallo Oma". Ich war auch schon „drin". Wie das sein kann, ist mir schleierhaft. Es muss wohl so sein, wie mit einem Spiegel. Da sind auch alle zweimal da. Einmal vor dem Spiegel und einmal hinter der Scheibe. Mama macht auch viele Fotos von mir, da soll ich immer freundlich gucken. Danach bin ich auch in diesem Kästchen. Bald hatte ich es raus, dass man nur über die Platte wischen muss, dann kann man sich alle Fotos angucken. Das macht mir viel Spaß. Habe endlich von Papa ein altes Tablet bekommen, da kann ich Kindervideos sehen. Gucke am liebsten „Männchen" – auch „Sandmännchen" – genannt und „Heidi" und seit neuestem auch „Teletubbies". Zurzeit ruft Mama öfter Oma an und wir können uns sehen und unterhalten. Gebe Oma manchmal einen Kuss auf die Scheibe, aber die ist kalt und glatt. In echt ist doch besser. Dann kann man sie auch richtig umarmen oder auf ihrem Schoß sitzen und „Hoppe Reiter" spielen.

Laura alleine

Jetzt bin ich schon über zwei Jahre alt und Mama ärgert mich mit ihrem gluckenhaften Verhalten. Bin doch schon groß. Einmal beim Papier falten habe ich gerade so viel Eifer. Aber Mama sagt: „Laura, soll ich dir mal helfen, wie das richtig geht?" Das machte mich richtig wütend, ich schrie sie laut an: „Nein! Laura alleine!"

Ein anderes Mal habe ich wieder Lust, das Jacke anziehen zu üben. Ich ziehe mir einen Ärmel über, komme dann aber nicht ran an den anderen Ärmel. Da kommt Mama wieder und sagt: „Laura, ich zeige dir mal einen Trick, wie du an den anderen Ärmel kommst." Aber ich brülle wieder laut: „Nein! Laura alleine!" und werfe die Jacke auf den Boden. Muss sie denn alles besser wissen? Ich habe meinen eigenen Kopf.

Leo

Habe jetzt in der Kita einen Freund. Er heißt Leo. Jeden Morgen, wenn wir zur Kita gehen, freuen wir uns, wenn wir uns sehen – Küsschen und Händchen halten inklusive. Leo ist genau so groß und jung wie ich. Wir verstehen uns einfach von alleine. Er hat braune Augen und braune glatte Haare. Ich habe blonde Locken und blaue Augen. Wir essen beide gerne und sind beide kräftig. Wir sind ein gutes Team. Wenn die anderen uns ärgern oder beißen wollen, können sie bei uns nichts erreichen. Wir halten zusammen. Ich glaube, wir bleiben zusammen, bis wir groß sind und heiraten, wie Papa und Mama.

Ausflug in den Wald

Heute scheint so schön die Sonne und wir Kita Kinder sind ganz kribbelig. Da hat unsere Betreuerin eine Idee. Wir fahren alle zum Wald! Wir ziehen uns alle warm an mit Gummistiefeln, Jacken, Mützen und Warnwesten, damit keiner im Wald verloren geht. Dann gehts in den Bulli und los. Wir sind bald da und steigen aus. Wir laufen alle los, zu einem Laubhaufen. Da lassen wir uns reinfallen, werfen bunte Blätter in die Luft und wälzen uns herum. Wir kreischen und lachen vor Freude. Als wir uns ausgetobt haben, entdeckt Nele eine riesige Baumwurzel, die ein Baum aus der Erde gerissen hat. Wir gucken uns das von ganz nah an. Wir staunen über die großen Wurzeln, die in der Erde gesteckt haben und nun in die Luft ragen. Das war sicher ein doller Sturm, der den Baum umgerissen hat. Die Wurzel reicht Nele bis zum Scheitel. Das ist ja gewaltig. Froh über die frische Luft, das Laub und die Wurzel, fahren wir wieder zur Kita und haben heute Mittag viel Appetit beim Essen.

Laura und der Osterhase

Heute Morgen taten Mama und Papa so geheimnisvoll… Was war da nur im Busch? Papa sagte: „Laura, guck dich doch mal in der Wohnung um, vielleicht findest du etwas! Hast du hier schon etwas gesehen?" „Nein.", sage ich und gucke unter meinen Kindertisch. „Da! Guck mal!", rufe ich dann und ziehe eine Schale voll grünem Gras hervor. „Oh, Eier!", freue ich mich. „Ein Osternest.", sagt Mama. Ich rufe laut: „Ja, ganz genau.", und klatsche begeistert in die Hände. Nehme zwei Eier heraus, stehe auf und drücke sie Papa in die Hände und rufe: „Der Osterhase ist da!" Papa hebt das Osternest vom Boden und stellt es auf den Wohnzimmertisch. Dann sagt er: „Komm, wir gucken mal weiter, vielleicht hat er noch mehr versteckt." Er bückt sich und schaut in die Wohnzimmerecke. Bücke mich auch und sehe einen Topf mit einer grünen

Pflanze. Gehe in die Ecke und quietsche vor Freude, „Noch mehr Eier!". „Und was ist das?" „Ein Osterhase.", sagt Mama. Lege die Eier und den Schokohasen auf den Tisch zum Osternest. Gehe mit Papa auf weitere Suche. „Du musst in alle Ecken gucken.", schlägt Mama vor. Und richtig, ich finde was. „Guck mal, ein Geschenk.", rufe ich freudig. „Und noch Eier." Ich nehme die Eier, gebe das Geschenk Papa und hüpfe zum Wohnzimmertisch. „Ha, ha, ha, Eier.", singe ich. Papa legt das Geschenk auf den Tisch. Ich klettere auf meinen Stuhl und lege die Eier in das Osternest. Dann versuche ich das Geschenkpapier von dem Geschenk abzureißen. Es ist nicht ganz einfach. Ich sage: „Ha! Ein Koffer!". „Ein Koffer?", fragt Mama. Als ich das Papier abgezogen habe und Papa den Karton geöffnet hat, ziehe ich ein Holzspiel-

Gemüsebeet heraus. Ich freue mich sehr über das

Geschenk, besonders über die Holzschnecke.

Laura hat jetzt eine Lieblingsfarbe

Ich benutze jetzt von meinem Farbkasten nur noch eine Dose, die mit der Farbe Blau. Male Wolken, Sonne, Regenbogen… aber alles in blau. Im Garten haben wir die Hochbeete angemalt, einen Kasten mit hellblau und einen Kasten mit dunkelblau. Mama zieht mir nur noch blaue Sachen an, wie mein schönes Jeanskleid, passend zum Frühling. Blau ist so eine schöne Farbe, wie der Himmel, wie das Wasser, wie meine Augen. Und sie ist so schön frisch und macht fröhlich. Nur mein Freund Leo wundert sich über mich, was ich jetzt für einen Tick habe mit dem Blau. Aber ich haben eben meine blaue Phase. Hat sogar Picasso mal gehabt, aber erst mit 30. Bin halt eine Frühentwicklerin. Und malen wie Picasso kann ja jedes Kind.

Aller Anfang ist schwer

Davon kann ich als Kleinkind von bald drei Jahren ein Liedchen singen. Wie lange hat es gedauert, bis ich vom anfänglichen auf dem Popo rutschen auf meinen Füßen stehen konnte um die ersten tapsigen Schritte ohne festhalten zu machen. Jetzt kann ich sogar, nach vielem Üben auf Mama's Bett Trampolin hüpfen (was sie gar nicht so gut fand). Dasselbe war es beim Sprechen, es fing mit Schreien an, mit „dadada" und Mama, Papa, Laura und jetzt kann ich schon viele Worte sprechen. Mama sagt mir immer vor, wie die Dinge heißen und ich spreche dann nach, wie ein Papagei. Aber mit der Zeit wird mein Wortschatz dadurch größer. Wir gucken uns auch viele Bilderbücher mit Tieren an und gehen oft in den Kölner Zoo. Daher kenne ich schon viele Tiernamen und weiß, wie welches Tier ruft. Das ist ein lustiges Spiel. Wie

macht der Elefant? Törööööh! Wie macht die
Eule? Uhuuh! Und so weiter.

Wasserspiele

Am liebsten spiele ich mit Wasser und im Wasser.
Auch gerne in der Badewanne. Mama löst
Tabletten im Wasser auf, die das Wasser bunt
färben. Darin habe ich eine Wassermühle und
viele Förmchen zum plantschen. Das Baden
wäre ja das reinste Vergnügen, wenn Mama
nicht immer meine lockigen Haare dabei
waschen würde. Das ziept und zerrt und das
Shampoo brennt in meinen Augen. Da heule ich
jedes Mal. Weiß nicht, was Mama da immer so
lange macht. Aber sie sagt, sie muss die Knoten
rausbürsten. Schrecklich ist das, sie lässt sich
nicht daran hindern. Danach darf ich wenigstens
noch im Wasser bleiben und weiterspielen. Da
vergesse ich schnell die Plage.

Oma zu Besuch, Laura trotzig

Es begann damit, dass Mama jetzt bei mir „out" ist. Ich hänge den ganzen Urlaub an Papa, Mama ruht sich halt aus. Nach dem Urlaub holen wir Oma von zuhause ab, und wir fahren zurück nach Köln. Während der Fahrt ist es nicht so spannend und ich schlafe lieber. Unterwegs halten wir an einer Raststätte und holen uns was zu essen. Wir kommen gut um 10 Uhr abends an. Heute gehen alle schmutzig ins Bett, nur Zähne werden geputzt. Mama und Papa sehen noch fern. Am nächsten Tag holt Papa Brötchen. Ich will im Fernsehzimmer erst mal meine Videos gucken und lasse Oma nicht rein. Auch Mama schiebe ich raus.

Dann frühstücken wir…

Dann muss ich erst mal auf's Töö, Papa soll helfen. Dann will Oma mit mir spielen, aber ich will gar nicht. Ich sitze lieber vor dem Fernseher. Mama beschließt dann, dass wir mal nach dem Garten gucken. Sicher muss etwas gemacht werden. Wir müssen über den Zaun klettern, die Nachbarn, die mal gießen sollten, haben noch den Schlüssel. Wir finden viele Erdbeeren und pflücken sie. Wenn wir Sonntag den Uropa besuchen, backen wir einen Erdbeerkuchen. Ich hüpfe noch ein wenig auf dem Trampolin, dann gehen wir wieder nach Hause. Papa sagt, er holt uns ein Eis. Mama und Oma wollen Nussbecher und Papa einen Schokobecher. Ich soll einen Stracciatella Becher bekommen. Als Papa das Eis verteilt, muss ich sehen wie klein mein Becher und wie groß die anderen sind. Mit meinem war ich unzufrieden. Also fange ich an zu brüllen und schmeiße das Eis auf den Boden. Stracciatella will ich nicht! Papa ist wütend und bringt das Eis in den Mülleimer und schimpft mit mir. Der hat gut reden. Er hat ja auch einen großen Becher. Ich bin aber etwas kleinlaut. So kannte ich Papa noch nicht. Wir aßen dann schweigsam unser Eis und ich habe ein paar Videos geschaut. Als Oma dann wieder nach Hause gefahren ist, haben wir rausgefunden, dass ich lieber Schokoeis mit Streuseln mag. Haben es Oma gleich erzählt.

Die Überraschung

Heute taten Mama und Papa wieder so geheimnisvoll. Was haben sie sich wohl ausgedacht? Sie sagten etwas von einer Überraschung im Garten. Auf dem Weg dahin gingen wir einen schönen Weg entlang, an dem ich Pusteblumen pflücken konnte. Was soll das für eine Überraschung sein? Papa war schon im Garten und rief, „Laura, komm mal gucken!" Da sah ich es. Ein Trampolin. Jetzt hatte ich es eilig und rannte schnell zum Gartentor rein, direkt zum „Trampolin", wie Mama sagte. Papa half mir, die Schuhe auszuziehen und hob mich hoch. Dann sprang ich los und jauchzte. „Das ist cool!", rief ich. Da haben sie mir eine große Freude gemacht mit ihrer Überraschung. Endlich mein eigenes Trampolin.

Babys

Dieses Jahr begann in freudiger Erwartung. Mama sagte, sie hat ein Baby im Bauch. Ich könnte mich auf ein Brüderchen freuen. Und ich freute mich auch sehr darauf. Man konnte noch nichts sehen, das Baby war noch zu klein. Mama sagte, ich müsse viel Geduld haben, es würde neun Monate dauern. Im dritten Monat kam Mama dann ganz traurig vom Arzt. Das kleine Wesen aus Mamas Bauch ist verschwunden. Mama ging es nicht gut. Habe ihr ein Pflaster auf den Bauch geklebt, gegen die Schmerzen. Das hat sie etwas getröstet. Zwei Monate später war ein neues Wesen in ihrem Bauch. Aber auch dieses hat die neun Monate nicht geschafft. Mama hing drei Tage richtig durch. Sie war so traurig und hatte dolle Bauchweh. Habe ihr meine Puppenwärmflasche auf den Bauch gelegt. Danach wollte Mama kein neues Wesen mehr im

Bauch. Sie verkaufte meine ganzen alten Sachen . Im Sommer habe ich ihr am Strand eine Sandpackung auf den Bauch gemacht. Damit ihr Bauch wieder ganz gesund wird und die Narben von der Operation weggehen. Nun habe ich bald Geburtstag und werde 3 Jahre jung. Was ich mir wünsche? Eine Jungen Baby Puppe!

Licht an!

Manchmal ist Oma vergesslich. Sie ruft uns an, aber der Bildschirm auf Mama's Smartphone ist dunkel. Dann rufe ich laut: „Oma, mach mal Licht an!" Das findet sie immer lustig und sie stellt dann auf Video um. Jetzt kann ich mich gut mit Oma unterhalten

Laura's 3. Geburtstag

Viele Luftballons, aber einer davon, er sah aus wie ein Igel, gefiel mir besonders gut. Aber wo bleibt denn die „Überraschung?" Da kommt Oma plötzlich mit einem großen Paket. Reiße das Geschenkpapier runter. Da war die Jungen-Babypuppe, die ich mir so gewünscht habe. Holte schnell mein Puppenbettchen und deckte den Jungen gut zu. Ich musste nämlich noch zur Kita, meinen Geburtstag mit meinen Freunden feiern. Habe eine Krone mit einer 3 gebastelt und Waffeln für alle gebacken. Sie haben mir ein Ständchen gesungen. Nachmittags habe ich etwas geschlafen, dann holte Mama mich ab. Zuhause gab es Geschenke und Papa hat Fanta-Kuchen mit Smarties gebacken. Drei Freundinnen aus der Nachbarschaft wurden gebracht. Wir haben etwas Saft getrunken und haben zusammengespielt. Mein Opa hat mir ein

Hochbett mit Leiter und Rutsche geschenkt. Da hatten wir viel Spaß mit. Wir sind immer gerutscht und ich habe mit der Kinderkamera Fotos gemacht. Die hat mir Papa geschenkt, die fotografiert gut. Dann hat Mama Musik angemacht und wir sind gesprungen und haben getanzt. Dann haben wir doch noch Appetit auf den Fanta-Kuchen bekommen. Die Nachbarinnen sind dann wieder nach Hause gegangen. Ich war ganz schön aufgeregt über diesen schönen Tag!

Liebe LeserInnen!

Vorerst habe ich nur die ersten drei Jahre von Laura aufgeschrieben, damit wir sie in Erinnerung behalten werden. Es ist wirklich toll ein so aufgewecktes Enkelkind zu haben. Vielleicht haben sie ja beim Lesen von Lauras Geschichten auch hier und da schmunzeln müssen, so wie ich beim Aufschreiben. Vielleicht konnten sie auch das Wunder der unbeschwerten Kindheit genießen, dass keine Entbehrungen und Probleme kennt.

Liebe Grüße
Claudia

FSC

www.fsc.org

MIX

Papier aus ver-
antwortungsvollen
Quellen

Paper from
responsible sources

FSC® C105338